AF289030

Paul Gisi
**Das Wissen
des Regentropfens**
Taschennotizen

Bibliographische Information der Deutschen National-bibliothek. Die Deutsche Nationalbibliothek verzeichnet diese Publikation in der deutschen Nationalbibliographie, detaillierte bibliographische Daten sind im Internet über http://dnb.dnb.de abrufbar.

© 2023 Autor: Paul Gisi, op. 140
Umschlagbild Ludwig Weibel
Herstellung und Verlag:
BoD – Books on Demand, Norderstedt
ISBN 9783757881856

Paul Gisi

Das Wissen
des Regentropfens

Taschennotizen

Inhalt

I   Ich habe für alles Zeit / selbst für diese Zeilen 5

II   Der Mensch philosophiert, Algen bilden Luftblasen 15

III   Überstürzung an Überstürzung 29

IV   Alluviale Anschwemmungen 51

V   Ein Lufthauch im Nichts 73

I
Ich habe für alles Zeit
selbst für diese Zeilen

Jede Sache
ist ursachlos
sie hängt
immer in der Luft
i s t Luft

Einmal
ist die Tür
geschlossen
einmal geöffnet
es versteht sich
dass es da
nichts zu verstehen gibt

Was alle sagen
ist bedeutungslos
nur was du sagst
im Brennpunkt
unserer Beziehung
ist wichtig

Etwas
zu zählen
überlasse ich
den andern

ich jongliere
nicht Zählbares

Die Zeit
läuft ab
die Zeit
läuft davon

das Verfallsdatum
naht

ich sage mir
ach was
ich habe
für alles Zeit
selbst für diese Zeilen

Wenn ich sehe
was alles noch
auf mich
zukommen wird
denke ich
ich entscheide mich
zustimmend
ablehnend
als ob ich
frei wäre

Alter
ergibt keinen Sinn
auch Jugend
ergibt keinen Sinn
das weiss
der Regentropfen

Jede Tugend
ist eine Tugend zuviel
jedes Laster
ein Laster zuwenig

Das Quartett
spielte *gross*

wie kleinlich
war demgegenüber
das grosse Orchester

Dir zuzuhören
erinnert
an den Ochsenfrosch
der quakt
ohne den Mond
zu hören

Wenn du
im Schatten bist
bist du schön
doch die Sonne
wird kommen

Sich aneinanderzuhängen

so leicht
kommt man
nicht davon

Das Schweigen
ist nicht
zu überhören

Am Bettrand
sitzen
und in den Abgrund
schauen
ist eine alltägliche Geschichte

Am Open-Air-Opernfestival
in Orange
waren *les cigales*
die schönsten Stimmen

Dein Mund
ist ein Canyon
in den Cevennen
zu träumen
in den Felsen
von Montpellier-le-Vieux

Komm
auf meine Wolkenbank
wir hören zusammen
Chopins Regentropfenprélude

Du kannst mir
alles sagen
ich glaube
sowieso nichts

D U
Himmelsmusik
der Basalt-Orgeln
von Espaly
bei Le Puy

Die Wahrheit
liegt
im Regentropfen
solange er nicht
auf der Erde
zerplatzt ist

Ich bleibe getrost
im Drehfauteuil
sitzen
höre das Meer
in der Muschel rauschen
an meinem Ohr

Andromeda
ist mir näher
als der Nachbar

Die Philosophie
hockt
im Baumwipfel

vor Ehrfurcht
stellt der Wind
sein Wehen ein

Ich habe es
faustdick
hinter den Ohren
ich sehe keinen Grund
zu sterben

Zwei Schritte
nach rechts
zwei Schritte
nach links
und die Weltreise
ist perfekt

Mir fällt
es schwer
zu sagen
es ist leicht
gesagt

Du willst
schweigen
lerne zuvor
singen

Wein
und Mistral
in Gigondas

Olivgrün
Ockergelb
Umbrabraun
versiegeln
die Welt

So zeremoniös
die Kakerlaken

Unter einem Tisch
sitzen
Max Jacobs
Würfelbecher
lesen
ist herrlich
subversiv

Anstatt über Leben und Tod nachzudenken
meine Stunden von Politik
und andern Verbrechen verdunkeln zu lassen
Fragen von Moral Verantwortung
und Freiheit nachzusinnen
küsse ich wie ein Sonnenstrahl
verliebt deine Ohrläppchen

II
Der Mensch philosophiert, Algen bilden Luftblasen

Das grösste Chaos ist der Kosmos. Es ist gut, eine liebende Hand in der Nähe zu haben.

Die Astrophysik ist einfacher zu verstehen als dein Herz. Herzen sind Sternenstaubwinde, nicht zu fassen.

Lichtkurven zu befahren ist mein Metier.

Ich muss staunen, wenn ich sehe, wie sich zwei Menschen im Gespräch gut verstehen – ich verstehe meist kein Wort.

Auch der Halbmond ist ein voller Mond, wir vermögen das – wie so vieles – einfach nicht zu sehen.

Tagsüber, nachtsüber – tagsunter, nachtsunter.

Ich bevorzuge es, die Erinnerung an das, was ich vergessen habe, zu vergessen. Schwerelos werden!

Ich meide es zu urteilen, da die Gefahr besteht, recht zu haben, und *recht zu haben* ist nicht mein Sinn.

Nach einem geistigen Höhenflug fällt es schwer, sich auf dem Boden wiederzufinden.

Wer denkt, klar zu denken, denkt unklar.

Der Mensch philosophiert, Algen bilden Luftblasen: da einen Unterschied zu sehen, braucht reichlich Fantasie.

Zu denken, dass morgen nach einer traumwilden Nacht die Sonne gelassen aufgeht, ist für mich Anlass, glücklich zu sein.

Ob das eine Mücke oder ein Elefant war, was vor meinen Augen vorbeigeschwirrt ist, ist belanglos zu wissen, die Tatsache genügt, dass etwas vorbeigeschwirrt ist.

Im Gleichgewicht mit sich selbst zu sein, heisst, wenig Mut zu haben.

Ich höre Max Bruch (1838 – 1920): bin hingerissen!

Der Traum ist wie ein Blick durchs Mikroskop auf einen Ausschnitt der Seele.

Ich sehe nicht ein, weshalb ich sterben sollte, solange das Weinglas gefüllt ist.

Ich weiss schon lange nicht mehr, ob alle Menschen, die ich in meinem Leben getroffen habe, auch wirklich Menschen waren. Es gibt für den Zweifel Gründe!

Entsprechungen, Übereinstimmungen, Ähnliches sind nur in einer Umkehrung aller Sinne, aller Denkweisen möglich, und dies nur im Widerruf, im Augenblick.

Zu *denken* ist wie ein Weitsprung belanglos.

Mit Sack und Pack eines langen Lebens schwerelos werden.

Da die Sonne sich in ein Cocktailglas versenkte, wurde mir schwindlig vor Freude.

Die Lust ist beständiger als die Liebe.

Die Zoologie Gottes!

Der Mensch ist ein Furz Gottes.

Ich glaube nicht an Gott, an einen Riesenmops.

Flüchtig, schnell davonlaufend bist du, Weltgeschichte.

Aufs Schwemmland der Träume fallen gespenstische Schatten riesengrosser unbekannter Vögel.

Ein Gläubiger irrt immer.

Zu leben verstehen nur wenige Menschen. Sterben kann jeder Idiot.

So tun, als wäre der Mensch nicht misslungen.

Ich will nur in den Unterschieden vergleichbar sein.

Ich finde es kribblig wunderschön, in den Untergang zu zwackeln. Da kann mich niemand hindern!

Klavierkonzert A-Moll op. 16 von Edvard Grieg.

Franz Danzis Cellokonzert als Kletterrosen von Galaxie zu Galaxie.

Vernunft, hol dich der Kuckuck.

Das Interessanteste in meinem Leben waren die Fehler, die ich machte.

Auch an der Peripherie meines Wesens bleibe ich in meiner Mitte.

Ich entdecke dank meiner Träume mehr und mehr vom Leben.

Dem Menschen ist die Menschlichkeit total abhanden gekommen, das heisst, sie war niemals vorhanden.

Ein nackter Körper ist ein Fest wie das Tanzen der Galaxien.

Glaubenssätze sind Pusteln des Nichts.

Im Reden ist er ein Stümper, im Schweigen ein Virtuose.

Wer viel reist, sieht wenig von der Welt.

Politiker sollten Rührei mit Speck essen und sonst sich nicht rühren.

Die Menschen leben über ihr Verfalldatum hinaus.

Zu heiraten: wie banal!

Die Kochtöpfe des Geistes sind bei fast allen Menschen leer.

Dass Staatenlenker nach ihren Reden nicht ins Irrenhaus eingewiesen werden, verblüfft mich.

Beim Pfeifenrauchen, in meinem Drehfauteuil sitzend, betrachte ich vergnügt das Schauspiel der Jahrtausende.

In jeder Nacht sind viele Millionen von Phallen erigiert.

Beim Anblick von Honoratioren krümme ich mich vor Lachen.

Auch mit zehn Augen würde der Mensch nicht mehr sehen als mit zwei.

Ich habe mehr Interesse für Niespulver anstatt für Religionen.

Die Kaffeebohne steht weit über dem Menschen, denn sie ist zu etwas nützlich.

Schön wie weisser Marmor? Nein, schön wie dein sonnengebräunter Körper.

Die Argumente *für* etwas können noch so gut sein, es gibt immer bessere *dagegen*.

Wenn eine Tür vor mir offen steht, bevorzuge ich es, daneben durch die Wand zu gehen.

Marin Faliero aus Donizettis lyrischer Tragödie ist mir näher als viele Zeitgenossen, die ich persönlich kenne.

Ich gerate bei Unterschieden in Verzückung, bei Gleichartigem langweile ich mich.

Wenn ich über die Welt nicht lachen würde, bekäme ich einen Nervenzusammenbruch.

Etwas zu suchen ist niemals Voraussetzung etwas zu finden.

Amour fou.

Ich bekenne mich zu nichts, derart einfallslos, mich zu etwas zu bekennen, bin ich nicht.

Kikeriki – steckt in diesem Wort nicht **mehr** als in aller Philosophie, in aller Literatur? (Mir kommt es so vor.)

Ich schenke dir diesen Kieselstein, die Milchstrasse.

Ich bin nicht für Wahrheiten, ich bin für Irrtümer.

Gerechtigkeit ist im Wesenskern ungerecht.

Ich bleibe bis zu meinem letzten Atemzug verliebt in die Schönheit eines nackten schlanken menschlichen Körpers.

Grillen nehme ich ernst, Politiker nicht.

Durch den Rauch meiner Pfeife gedacht: schade, dass die Welt nicht noch vernebelter ist.

Penner sind mir sympathischer als Banker.

Solange ich lebe, habe ich Zeit für **alles,** erst wenn ich gestorben bin, fehlt mir die Zeit für alles.

O diese vielen Schafsköpfe, die schreiben, nur weil sie das Abc kennen!

Die Menschheit geht am Menschen zugrunde.

Wenn ich aus dem Fenster schaue und den Planeten Erde betrachte, muss ich lachen: so etwas Unnützes wie die Menschheit ist im ganzen Kosmos nicht vorstellbar.

Egal, ich liebe es, deine Körperflaumhärchen zu küssen, zu küssen.

Je älter ich werde, desto leichter gelingt es mir, immer wieder neu zu beginnen. (Hoffentlich stimmt das.)

Einer Spinne begegne ich stets mit Respekt, was ich bei einem Menschen nicht in jedem Fall sagen kann.

III
Überstürzung an Überstürzung

Dass man etwas
vergessen hat
ist schnell vergessen
erinnere ich mich

Ausserhalb
innerhalb
der eignen Mitte
zu sein
ist dasselbe
denn *Mitte*
ist überall

Ich tanze
gern
menschenfern
nur vom Universum
umarmt

Farblos
wie du bist
hast du
bei mir
nichts verloren

Worte finden
Worte verlieren

zuerst
zuletzt
ist alles
wortlos

Aus der Mitte
aus der eignen Balance
aus jedem Mass
fallen
direkt
ins Leben hinein

Den Kopf
zu verlieren
finde ich
eine vertraulich
harmlose Sache

Das Nichtkönnen
kann ich
am besten

Apotheose
in der Hose

Gicht
die Leben bricht

es sind Reime
die ich meine

oder auch nicht

Kritiker
können ihre Kritik
an ihren eignen Hut
stecken

meiner ist dafür
zu schade

Der Gang
der Welt
ist kein
ruhiges Gehen
sondern
gottseidank
Überstürzung
an Überstürzung

Ich möchte
an n i c h t s
denken
da funkt mir
deine Liebe
hinein

Mit Visionen
ist es
so eine Sache
meist sind sie
Vogelscheuchen

Die Geistigkeit
der Welt
ist im besten Fall
ein prickelnder Cocktail
für einen Abend lang

Manchmal
singe ich
als ob ich
singen könnte
manchmal
schweige ich
als ob ich
schweigen könnte

Ich war
übermütig
verzagt

ich nehme mich
wie ich bin

du bist eingeladen
es auch so
zu halten

Ich fahre
aufs weite Meer
hinaus
in mir

Die Menschen
sind Tropfenzähler
der Ewigkeit

Es gibt im Kosmos kein Oben, kein Unten, kein
Rechts, kein Links – sich in ihm aufzuhalten ist
allerhand!

Vor
hinter
neben
sich selbst
herlaufen

sich vor sich
verstecken

Leben spielen
bis es aus ist

Ich sagte
zu mir
im Spiegel
schönen guten Tag
und ward
nicht mehr
gesehen

Was wusste die Krähe, die schrie?

Brücken zu bauen
jaja
kann man
soll man

ich vergnüge mich
alle abzubrechen

mal sehen

Ob mild
oder wild
bleibt im Bild

Meine Damen, meine Herren, ich habe die Ehre,
Ihnen mitzuteilen, dass die Aufführung ausfällt, Sie
können sich wieder nach Hause begeben und sich
betrinken.

Manchmal trank ich lieber Châteauneuf-du-Pape
als zu vögeln.

Erst zuletzt
beginne ich
den Anfang
das erspart mir
einiges

Ein Buchfink hört in der Apokalypse nicht auf zu
singen.

Das Sein ist eine Rêverie des Nichts.

Mozarts Violinsonate KV 378, besonders der zweite
Satz «Andantino sostenuto e cantabile», ist Schön-
heit, Entzücken, Liebe.

Vordergründig
hintergründig
nebengründig
zwischengründig
abgründig
trotz der vielen Lebensgründe
bleibt alles
hoffnungsvoll
Täuschung

Lustkörper
Liebeskörper
Lebenskörper
Landschaftskörper
Luftkörper
Traumkörper
Körperkörper
bei so vielen Körpern
fragt sich der Geist
wohin er soll

Daseinsanalysen
Traumanalysen
Blut-
Nahrungs-
und Analysenanalysen
ein riesengrosser
wirrer Strauss
an Lebensanalysen

Geist
geh zum Kuckuck
ich stopfe mir jetzt
vergnügt eine Pfeife
und lache

Wenn ich *wenn* sage, bin ich geliefert.

Eine Hummel fliegt ein Weidenkätzchen an: was für
eine schöne Wahrheit!

Es ist mir recht, dass meine «Taschennotizen»
Fallobst sind.

Als ich nachts mit dir in der Badewanne sass,
Händels «Halleluja» im Dampf fast unterging, die
Lust uns überflutete, empfing ich den Heiligen
Geist.

Nach Vivaldi-Opern kann man nur noch ins Irrenhaus oder in den Himmel gehen. (Gut so, ich glaube, der Himmel ist ein Irrenhaus.)

Das Goldfisch-Orchideendrachenauge
der Doppelstern Scorpii
– SCHÖNHEITSWAHNSINN !

Memorandum: Am Seeufer sitzen und Gedichte von Gioconda Belli lesen, Crevetten und Cocktailsauce einkaufen, mit R. in seiner Dachwohnung Bier trinken, Sex haben und zu einem Orgasmus kommen, abends Küche aufräumen und die ganze Wohnung vergnügt unaufgeräumt lassen, Retsina, Mozart, Simone de Beauvoir, Pfeife rauchen, nachdenken.

•

Ich bin ein babylonischer Pfeifenraucher, ich liebe meine salamanderfarbenen oder erdkrötig braunen Pfeifen, ich rauche bei Belcanto, klassischen Sinfonien und Messen und bei einem schweren Rotwein. Pfeifenrauchend erlebe ich die Welt. Bei flammendem Kerzenschein und betörend duftenden Räucherstäbchen. Tabaksorten mag ich viele, sie dürfen aus Holland, Südamerika, Afrika oder Australien kommen. Indianer verrauchten Süssgras und Salbei bei ihren Ritualen, ich denke auch an die Maya und an karibische Stämme. Ich liebe besonders die Tabakmischung mit Paradiesapfel, Glühwein, Black Cavendisch, Virginia, Burley, Broken Virginia.

Der Pfeifenraucher ist ein Philosoph, ein *Rauchkrautdenker*.

Was man liebt, geht in Rauch und Flammen auf. Ich liebe die Farben des Rauchs, das Dunkelbraune des Quarzes, die verrauchten Nacht-verschleierungen, die Rauchschwalben der Fantasie, die Rauchsignale des Universums.

Eigentlich sind Wörter töricht, doch ich liebe diese Narreteien.

Der Kulminationspunkt der Evolution ist längst vorbei, jetzt geht alles der Vernichtung, dem Zerfall zu.

Herrlich ists, die ganze Welt neu zu denken, als wäre alles zum erstenmal.

Bekanntes ist Schrott.

Mystik des Lichts – was für eine List der Finsternis!

„Wenn ich den Theron erblicke, dann sehe ich alles; erblicke ich alles, nicht aber ihn, seh ich ins Leere hinein." Meleagros

Der Mensch ist eine bösartige, kranke Spezies.

Die Welt – der Horizont, die nächste Umgebung, die Nähe – kommt mir oft unwirklich, weit, weit entfernt vor.

Nichtigkeit der Erfüllung.

Auch in der Einsamkeit sind wir ineinander-vertaumelt.

Ein weisses Blatt, ein beschriebenes Blatt: dem fallenden Herbstblatt ist das einerlei.

Menschen, die ohne Gedichte leben, bestätigen den Stumpfsinn der Welt.

Politik ist wie ein Rührei mit Zucker, nur von verdorbenen Menschen zu geniessen.

Wo liegt der Unterschied zwischen Parteiengezänk und Pavianengekreisch? Zoologen wissen es, das Pavianengeschrei ist natürlicher als die unausstehliche Eitelkeit des Parteiengezänks.

Der Maskenkernbeisser schreibt keine Notationen; Überflüssiges überlässt er den Menschen.

Ich möchte nicht alles geschrieben haben, was ich geschrieben habe.

Sich nicht entscheiden zu können, könnte ein erster Schritt zur Weisheit sein.

Ob ein Künstler reist oder nicht reist, ist belanglos, es kommt auf die Illumination des Augenblicks an, dort oder hier.

Philosophen sind nur in ihrer Nutzlosigkeit zu gebrauchen.

Katholiken sind mir ein Brechmittel.

Die Kindheit ist die sinnloseste Lebensphase.

Die ganze Erde ist ein einziger *Archipel Gulag.*

Die Raubritter der superreichen Banker und Politiker haben kein Unrechtsgefühl ihrer Schandtaten und Verlogenheiten, ich spreche ihnen jede Menschlichkeit ab.

Kein Tier käme auf die Wahnidee, eine Militärparade durchzuführen.

Was gibt es Lächerlicheres als eine Uniform?

Gewiss kann ich kein Optimist mehr sein, doch ein Pessimist bin ich zutiefst auch nicht – ich versuche *biophil* zu sein und zu bleiben bis zu meinem letzten Atemzug.

Religionen sind das Gift, das das Denken lähmt.

Der Nationenwahn hat noch immer Blutseen hervorgerufen.

Dem Universum ist es einerlei, ob sich dieses zuckende Lebewesen, Mensch genannt, gegenseitig gefangen hält und umbringt.

Die Beschäftigten tun am wenigsten.

Was ist der Unterschied zwischen Verlegern und Kehrichtmännern? Ich weiss es nicht mehr.

Die Realität wird nur mit der Ingredienz FANTASIE zu Kunst.

„Was kümmert die Ewigkeit der Höllenstrafen den, der eine Sekunde lang die Unendlichkeit der Lust erfahren hat?" Charles Baudelaire

Dass dies möglich ist: da leben die Menschen ein paar Jahrzehnte und haben nicht gelebt!

Auch Katastrophen haben ihre Erfolgsgeschichte.

Spinnen und Dämonen haben bei mir Gastrecht.

Nur Täuschungen und Träume hinterlassen ein Gefühl der Wirklichkeit.

Die fünf Jahrzehnte, in denen ich die Geschlechtslust täglich mehrmals befriedigte!

Atmen, essen, trinken, schreiben, Musik hören, Sex haben, schlafen, denken ist für mich eine nicht aufspaltbare existenzielle Einheit.

Ich geniesse die Zeiten, in denen ich nicht sehr ähnlich mit mir selbst bin.

Die Lust ist beständiger als die Liebe.

Die Dummheit der gescheiten Eingebildeten ist grenzenlos.

Sich von *allem* zu lösen, schafft eine ungeahnte Freiheit und grosse Weite, führt aber auch in den Wahnsinn.

Religionsphilosophen, Theologen und Mystiker zeichnen ein Phantombild von Gott, also von jemandem, den es gar nicht gibt.

Die Veränderungen enthüllen immer nur das Gleiche.

Niemals wird der Anfang enden.

Einmalig ist nichts und alles.

Jede Lehre ist Betrug.

In welcher Scheinwelt leben die Menschen, die die Natur – fressen und gefressen werden – idyllisch schön finden!

Schritt um Schritt auf den entweichenden Horizont zu, mich vergnügt das.

Ein grosser Teil der Literatur ist mir zu brav, zu verlogen, zu dümmlich, zu wenig geschlechtlich. Da haue ich lustvoll in eine andere Kerbe – gegen alle Dodels!

Sexuelle Befriedigung ist etwas Existenzielles wie Atmen, Essen, Trinken, Schlafen, Denken, Schöpferischsein.

Lust entfacht sich für mich in der Abwechslung, die Neugier auf einen neuen Körper bestimmt mein Leben. Dass meine Art eine SPIELART des menschlichen Lebens ist, ist mir bewusst – und wird von mir gepflegt, ja bis zur Virtuosität gesteigert.

Ich hatte mein ganzes Leben kein Zeitgefühl, ich lebte immer in den Konvulsionen der Leidenschaft, in den überraschenden Buntscheckigkeiten der lustvollen Unerwartetheiten.

Für mich steht LEIDENSCHAFT weit über der (impotenten) Weisheit. Es gilt nicht, dem Ich zu entsagen, sondern ICH zu werden. Das Einzelne, Individuelle ist entscheidend wichtig, das

Allgemeine ist Schrott, Belämmertheit, Blödsinn, Unwichtigkeit, Austauschbarkeit. Dass ich mich mit dieser Ansicht recht «verloren» in der Zeitgebundenheit befinde, macht mir nicht nur nichts aus, sondern freut, stärkt mich als alter Epistolograph.

Extrinsische Motivationen, durch aussen gesteuerte Gesellschaftszwänge, anerkannte ich für mein Leben nur selten und für mein Schreiben niemals.

Nur in der Nichtigkeit findet sich Vollendung.

Zeitdiagnose: Reich und unglücklich, arm und noch unglücklicher.

Ich widerspreche mir gerne. Wer diesen Schlüssel gefunden hat, sieht, wie einfach ich bin.

Hymnus der Ruinen.

IV
Alluviale
Anschwemmungen

Wenn ich Fische sehe, glaube ich an Gott, wenn ich Menschen sehe, verliere ich den Glauben an Gott.

Nur Kunst und Lust zählen!

Tatzelwurmgedanken.

Mir sind die so genannt «Randständigen» tausendmal lieber als das renommierte Pack.

Man muss in grossen Zusammenhängen denken, auch wenn es diese Zusammenhänge gar nicht gibt.

Mein Werk ist mein Planetarium, Mensch, du bist eingeladen, in dieses bizarre Kuppelgebäude einzutreten.

Verglichen mit Träumen ist das wache Leben belanglos.

Ohne Waldkauz auf der Schulter will ich den Himmel nicht betreten.

Der Geist des Menschen ist ein Glühwürmchen, leider ausgestorben.

Ich liebe das Sein **in** allen Ausformungen der Geschöpfe, in der Kapillarmikroskopie, in der Lichtstärke der Galaxien. Mir ist der ATEM der Schöpfung anbetungswürdig. Anima, Animus, Adonis, Venus, Spiritualität, Psychologie, Philosophie, Musik, Dichtung, Malerei, Sternschnuppen, Schlammschnecken, Kaisersalmler, Flamingos, Liebe, Träume, Tränen der Ekstase – alles, alles sind *Instrumente* der GROSSEN SINFONIE; nur das «Gegensätzliche» fügt sich zu einem Ganzen zusammen. (Das Katechismuseinseitige jeder Religion, jeden Dogmas ist Blödsinn, widernatürlich, erbärmlicher Unsinn, Erblindung.)

Es geht um die F R E I H E I T, die in jedem Individuum angelegt ist, um die Freiheit der Anschauungen, um das Heillose und Heilbare in unserem Dasein. Ich mag keine Verkürzungen, ich liebe das Ausufernde, Grenzensprengende, die tanzenden Quasare und Fliegenden Fische, die Mäander der Seele, das Buntscheckige, Unerwartete. (Zum vorneherein festgelegte Schulweisheiten werfe ich unbekümmert auf den Müll, überlasse ich neidlos den Ratten.)

In der Kunst des 21. Jahrhunderts hat nur das eine Berechtigung, was **NEU** ist, neu im genialen Wurf. Ansonsten sollte man das Schrebergärtchen pflegen für den Gurkensalat, eine Mayonnaise anrühren oder sich in den Massentourismus einfügen.

Das Bewusstsein des Seins ist vollendet in der Amöbe, in der wunderschönen Schlankblindschlange, in einem Gedicht von Else Lasker-Schüler, in der Meisselschrift von Seng-Tsan, im «Seerosenteich» von Claude Monet, in einer thebanischen Terracottastatuette, in der Kannelierung von Kalk- und Sandsteinen, verursacht durch Wasser oder Wind, in einem Adagio von Mozart zu finden.

HERRLIGG ISTS ZU LEBEN IN DER UMARMUNG DES LEBENSFLUSSES.

Der «Geist» allein ist mir zu dünn, ich brauche den unruhigen Puls des Unbezähmbaren, die lippengeschwellten Empfindlichkeiten und erotischen Unfasslichkeiten der Nacht, das Flimmrige eines Sommers, das Zittern der Sonnenstrahlen in einem Spätherbst, das unbekümmerte Singen des Winds, das Seegekräuselte, die Sehnsucht.

Der Geist lebt in vielmilliardenfachen Ausformungen, im Quorren (in den tiefen, knarrenden Balzlauten der Schnepfen), in den kugeligen, dunkelblauen Früchten des Schlehdorns, in den Orgelklangfarben des Basler Münsters, im Retsina, dem mit Harz versetzten griechischen Weisswein, im Gesang der Athosmönche, in deiner schlanken Hand.

Das Sein überkugelt sich wie junge Bären, wälzend sich überschlagend. Fantastisch, das!

«Andante» aus Mozarts Motette «Exsultate, jubilate», KV 65.

Eduard Mörike, «Maler Nolten».

Der Weg nach *innen* kann nur über die Aussenwelt führen, sonst gelangt man bloss zu einem Hirngespinst.

Die Geschichte ist eine *Anhäufung von Grausamkeit,* so wie es die Gegenwart auch ist und die Zukunft sein wird.

Wenn dunkle Wolken aufziehen, muss ich lachen.

Das unaufhörliche Geschwätz der Politiker und in den Medien ist widerlicher Gestank aus der Kanalisation.

So tun, als wäre der Mensch nicht misslungen.

Patriotismus ist eine fiebrige Infektion.

Ich taumle über die Schönheit der Musik von Joseph Martin Kraus.

Die seelenvollen Melodien, kühnen Formen, ein Kaleidoskop an Farben, geistsprühenden Formulierungen – die Flugbahnen der Fantasie – sind Kennzeichen des wahren Kunstwerks.

Aufs Schwemmland der Träume fallen gespenstische Schatten riesengrosser unbekannter Vögel.

Der menschliche Geist kann nicht vermessen werden, man kann nur in ihm ertrinken.

Nur ein Verrückter versucht Sicherheiten anzubieten.

Was sich alles mit dem Verstande kombinieren liesse! Doch überall gewinnt das Versagen.

Politiker sind nur für Maden gut.

Religion, Zumutung für die Freiheit des Individuums.

Manchmal kommen mir meine Bücherwände in der Wohnung weit, weit entfernt vor, ein bisschen so, als wäre ich nicht mehr in dieser Welt.

Meine *«Taschennotizen»:* Notate, Kurrligkeiten, brombeergestrüppig, hohnlachend auf gesellschaftliche Normen, grenzensprengend, Feinsäuselndes wechselt mit Paukenschlägen, unbeschränkt freiheitsdurstig, karpfenfischgrossäugig, hinunterschlingend – LACHEND, auf dass die Pulsare zu singen beginnen, verbunden mit dem

Puls der Liebe, der Lust aller Himmelsrichtungen, des stürmisch Aufschäumenden in den Igelwürmern, den Meerwassermilben. Nicht poetisch, sondern gedankengeriffelt, geisthagelprasselnd, leidenschaftlich subversiv. Ich «paktiere» mit den Brechern, den sich überstürzenden Sturzseekämmen.

Die heutige Literatur geht kaum über das Max-und-Moritz-Niveau hinaus. Da wird von Tanten und Onkeln und Eheproblemen geschmiert, geschlappert, gewinselt, taugt nicht mal als Vinaigrette, Weinessigsauce.

Ich bin in der formidablen Situation, mich nicht verkaufen zu müssen. Jeder Verleger, jeder Lektor kann ungerührt in die Hölle sausen. (Sie verstehen nur Geld, Geld, Geld.)

Die Schönfärberei überlasse ich den Odalisken, den orientalischen Haremssklavinnen, der Maskerade, den Papierschlangen, dem Karnevalesken.

Ich bin mein eigener Magister, basta. Mit Stachelhäutern. Mit dem Sternbild Drachen.

In der Kunst ist alles möglich, sofern man die Tümpeleien des Gängigen verlässt.

Es kümmert mich nicht, wie Menschen zu meinem Leben, meinem Schreiben denken – oder nicht denken. Wichtig – und das schon! – war mir jedoch immer zu wissen, dass *einzelne* Menschen, die ich liebte, die mich in irgendeiner Art lebhaft interessierten, Kenntnis von meinem Werk hatten, dass sie mich lasen. Nur für die Schublade habe ich niemals geschrieben, schreiben können, schreiben wollen, deshalb auch meine vielen Publikationen (Publikationsmanie), mit denen ich, gesamthaft gesehen, ein paar Tausende Menschen erreicht habe.

Wenn ich gelobt wurde, wurde ich misstrauisch wie eine Krähe, wenn ich zerrissen wurde, sagte ich papperlapapp und lachte koboldisch vergnügt. (Ich richtete mein Schreiben niemals nach Ratschlägen anderer Menschen aus, es kam aus meinem Innern, so war ich gegenüber dem Aussen unberührbar.)

Das Kunstwerk ist immer arbiträr, dem Ermessen überlassen – jedoch nicht willkürlich, sondern deckungsgleich mit dem unfehlbaren schöpfe-rischen «Instinkt».

Jedes Gedicht hat eine zwingende künstlerische und geistige immanente Gesetzmässigkeit, eine überzeugende Architektonik in der Schönheit des Aufbaus.

Nur Literaturkritiker sind noch eingebildeter als Schriftsteller.

Was zählt, ist nicht Politik, nicht Wissenschaft, nicht Religion, sondern Kunst.

Die Tugend des Müssiggangs fehlt mir leider.

Wer Träume gering achtet, achtet sich selbst gering, bleibt bedeutungslos.

Ich weine, der Atem stockt: so schön bist du Welt!

Die Sterne kennen in ihrer Nacktheit keine Scham. Ich bete dich an, Quendelblättriges Sandkraut.

Ich habe keine Zeit, um über die Zeit nach-zudenken.

Bernhard von Clairvaux` sechsundachtzig Ansprachen über Salomons «Hohelied der Liebe» sind mir lieber als alles Gold.

Glaubenssätze sind Pusteln des Nichts.

Auf Schuttplätzen blühend – so sind meine Gedichte.

Qual und Entzücken schreien und singen simultan.

Erstlich, letztendlich gibt es im Leben keinen Sinn, sondern nur Lust und Gelächter über alles.

Das Interessanteste in meinem Leben waren die Fehler, die ich machte.

Alle Fluchtwege von Gott weg führen wieder auf Gott hin. Ich denke natürlich nicht so.

Liebe ist etwas vom Unbeständigsten, was es gibt; Vertrauen in einen Menschen zu haben, kann ein Leben lang dauern.

Eine Supernova, die den Planeten Erde innert weniger Sekundenbruchteile mit ein paar Millionen Hitzegraden überstürzen kann.

Päpste und Kardinäle: Maden im Käse. Widerlich!

Kunst ist die Bejahung des Traums, der Sonne, der Nacht – des Weltallatems in der Lebenslust.

Autoritäten: Bankrotterklärung der Freiheit.

Teilaspekte zu vergrössern und ins Umgekehrte wenden, so geht das!

Das Grenzenlose wird BILD.

Ich liebe es, das Leben durchzuschütteln, bis etwas ganz Neues entsteht.

Es geht mir um den Farbensinn, um Ganglien-
systeme, Nachtseiten, Milieuphysiognomik, Poly-
polaritäten, Lebenserscheinungen, Sinnlichkeiten,
um das Unbewusste, Seinsinszenierungen, Nieder-
lagen und Auffächerungen des Geheimnisvollen,
um Suggestionen und Illuminationen, alogische
Kombinationen, Verrücktheiten.

Weitab von allem Bekannten wäre ich zu suchen,
finden kann man mich nicht.

Seit vielen Jahren vermisse ich Marc, Brandy,
Cognac, Zigarillos. Nun lebe ich die Ausschwei-
fungen der Armut, wenn es das gäbe.

Ich muss immer wieder ausufern, vielformig,
ausfransend, karpfenvergnügt in grossen Strömen,
sonst verkümmere ich.

Sich in Unübersichtlichkeiten zu verlieren, ist
wunderbar.

Der Massstab der Zeitgenossen interessiert mich
nicht. (Ich habe meine eignen Massstäbe – nämlich
das Massstablose.)

Ich habe mich ohne zu zögern in die Flammen der Schönheit gestürzt.

Wer an der Urne einen Präsidenten wählen geht, in welchem Land auch immer, ist völlig verdummt, schaufelt sich das Grab.

Es ist zum Lachen, festzustellen, wie unermüdlich die Politiker Gestank und Lärm erzeugen. Sie sollten sich selbst riechen und hören, dann würden sie aufhören.

Zu glauben, dass der Glaube irgendeiner Religion Gutes bewirkt habe, ist nicht nur vermessen, sondern einfach dumm.

Goethe als Olympier, wunderbar gesagt. Er war aber auch ein extrem geiler Bock.

Die grösste Umweltverschmutzung weltweit ist das massenweise Kindergebären.

Ich habe viel Himmlisches und Höllisches erfahren, ich muss sagen, das Höllische gefiel mir besser.

Ich flüchtete fliegend über den breiten brennenden Strom, über den die Verfolger mir nicht folgen konnten. Am andern Ufer atmete ich befreit auf, begann zu singen und traf auf einen seltsamen Menschen – auf mich selbst; ich wurde von mir selbst längst erwartet.

Der alternde Dichter war so jung.

«Offizielle Menschen» sind Kasperlefiguren.

Auch eine verspielte Arabeske ist wesentlich in ihrem Sinn.

Wie schön sich zu irren!

Das dunkle Mittelalter – die total finstere Neuzeit.

Wer sich verständig zeigt, versteht meist nichts.

Jedes Weltbild ist Widerhall der Illusion.

Du darfst dich in meinem Schweigen ausruhen, solange du dies bedarfst.

Ideen sind ein Flohmarkt, es fehlt ihnen der Herzschlag.

Der unaufhaltbare Wahn!

Die Zusammenhanglosigkeit ist die Ordnung, die man nicht erkennt.

Jeden Glauben empfinde ich als Konstrukt, als Hypothese einer Voreiligkeit einer Zeitbedingtheit, stets veränderbar.

Die inneren Wirklichkeiten des Traums sind es, die wahrhaft zählen. Die reale äussere Wirklichkeit ist Täuschung.

Cervantes, «Don Quijote».

Wenn Ausserirdische auf die Erde kämen, würden sie diesen Planeten fluchtartig wieder verlassen, denn dieses Wesen *Mensch* wäre ihnen zu primitiv.

Der Vogel in mir hat seinen Ursprung gefunden: im Wort, in der Liebe.

Die Wirklichkeit zu erträumen!

Das Schweigen zu besingen, abseits von allem Lärm der Welt.

«Aus alldem, was ich tat und sagte, / Möge keiner versuchen herauszufinden, wer ich war.»
Konstantinos Kavafis

Dunkelheiten und Helligkeiten, Jubel und Verzweiflungen, die dynamischen, leidenschaftlichen Abwechslungen sinds, die das Leben spannend machen.

Man kann das Leben nur noch als Verrückter ertragen.

Mit Mehrheitsmeinungen kann man nichts anderes machen, als sie zu schreddern.

Antworten langweilen mich.

Am Morgen, wenn ich aufstehe, bin ich müde. Nachts werde ich wach und neugierig aufs Leben.

Dumm, dümmer, Gesetze.

Die Einheit des Geistes mit der Natur, sofern es eine Einheit und einen Geist gäbe.

Man komme mir nicht mit der Vergangenheit, man komme mir nicht mit der Gegenwart, man komme mir nicht mit der Zukunft, lasst mich einfach in Ruhe.

Zorn schätze ich gegenüber Heiterkeit nicht klein ein.

«Philebos» ist mir das liebste Buch von Platon.

«Erkenntnis» ist ein viel wolkigerer Begriff, als sich die ganze Philosophiegeschichte einbildet.

Unbeteiligte Wahrheiten gibt es nicht, sie lächeln oder weinen – und lügen unverschämt frisch drauflos.

Dass bei Gefahr auch das Rettende kommt? Ich sehe nur Aasgeier der Profiteure.

Spiesser, mich kotzt eure Vernunft an.

Ich bin nur von *einem* Lyriker stark beeinflusst: von mir selbst.

Wenn meine Wohnung brennt, lache ich, bleibe vergnügt in meinem Drehfauteuil sitzen und schreibe mein letztes Gedicht.

Wenn ich ein Hochzeitspaar sehe, habe ich den Geruch eines faulen Eis in der Nase.

Gefühle und Gedanken der Menschheit sind längst eine *Verkahlung,* die Wiederaufforstung schafft nur die Kunst.

Wem kann ich mich zumuten?

Solange die Schweizer ihren Rasen mähen, kann die Welt nicht untergehen.

Die Sonaten und Partiten für Violine solo von Johann Sebastian Bach nerven mich bis zum Nichtmehraushalten.

Wenn ich sage, dass alle Kaminfeger schwarz seien, ist das keine undifferenzierte Pauschalisierung, sondern eine zutreffende Tatsache, ausser es ist Sonntag; wenn ich sage, dass alle Politiker Lügner seien, so ist auch das keine undifferenzierte Pauschalisierung, sondern eine zutreffende Tatsache, ausser sie seien bereits gestorben und müssten also schweigen, doch diese Wohltat machen sie uns nur selten.

Nicht jeder Wahnsinn kann in der Kunst bestehn.

Die Menschheit geht am Menschen zugrunde.

Die schönsten Annäherungen sind die Sichentfernungen.

V
Ein Lufthauch
im Nichts

Leicht
durchscheinend
das Wort

ein Lufthauch
im Nichts

Rot
die Sonne

als Wein
zu trinken

Rifflig
dein Körper

ein Muschelkrebs
auf der Zunge

Schatten strömen
in deine Hand
zu suchen
das Unendliche

Wie gross
du bist
Staubfläumchen
im Haar
der Geliebten
wie ein Stern

Einzuschlafen
aufzuwachen
in der Umarmung
mit allen Dingen
im Atem
des Seins

Ich folge
dem Akkord
der mich
aus der Ferne
ruft

Noch einmal
sucht
die Herzverdunkelung
den Sonnenaufgang

Als Lippen
über Lippen
huschten
das Licht
auf Fingerspitzen
tanzte
wusste ich
alles ist gut

Was ich
im Fischnetz
der letzten Nacht
gefangen habe
macht sprachlos
Muschellieder
Wandersterne
Traumsinfonien

Über
die Geigensaite
zu dir hin
springen
mag ich sehr

Umbrafarben
oboenwarm
mit dir
zu sein

Paul Gisi, Lyriker, 1949 in Basel geboren, Primarlehrerpatent in Zug, ein paar Jahre Schulpraxis, mehrere Aufenthalte in Südfrankreich, verschiedene kurzzeitige Berufe, viele Jahre lang Korrektor in St. Gallen und Herisau. Lebt in Rorschach am Bodensee.

Eine Vielzahl an Publikationen, vorwiegend Lyrik, aber auch Kurzprosa, Sätze, Briefe.

Homepage: www.zackenbarsch.ch
E-Mail-Adresse: zackenbarsch.gisi@gmail.com